비 꽃 피다

비 꽃 피다

초판 1쇄 인쇄 | 2023년 09월 27일
지은이 | 이진영
펴낸이 | 이재욱(필명:이승훈)
펴낸곳 | 해드림출판사
주 소 | 서울 영등포구 경인로82길 3-4(문래동1가 39)
센터플러스빌딩 1004호(07371)
전 화 | 02-2612-5552
팩 스 | 02-2688-5568
E-mail | jlee5059@hanmail.net

등록번호 제2013-000076
등록일자 2008년 9월 29일

ISBN 979-11-5634-558-9

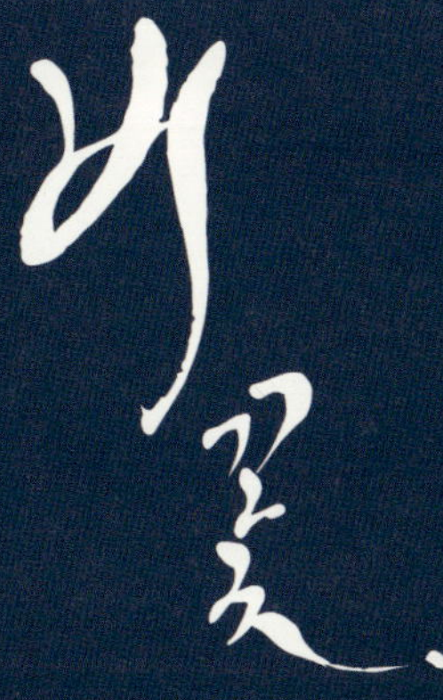

피다

이진영 시집

차근거리는 빗줄기가 얼굴을 스쳤는데 한두 방울 스치고 지나갔는데
비 꽃이 피었다고 하니 오늘도 잠깐 스치고 지나가는 비
비 꽃이 피었다 지는구나

해드림출판사

책을 내면서

내가 떠나온 곳엔 소나기 내렸는데
여긴 햇볕이 쨍하다
서둘러 꺼낸 입은 우의(雨衣)에
빗방울 털어내고 구겨 접어 넣었는데
햇살은 그 가장자리를
반듯하게 펴고 있다

기억이 없다는
기억의 거리엔
시인이 비를 내리고
햇살을 덧칠하는 오후가
한 권의 시집을 출간한다.

비 내리는 거리에 햇살을 덧칠하는 나의 오후가 또 한 권의 시집을 출간합니다. 슬픔도 이별도 익숙할 만큼 살아왔는데 여전히 슬픔 앞에 눈물을 흘리며 낯선 이별에 눈을 감습니다.

나의 시의 배경이 되어준 슬픔과 이별의 풍경들에 고마움을 전합니다. 늘 곁에 있는 것만으로 시가 된 이름들이 있어 행복했습니다.

하나님이 반듯하게 펴주신 내 슬픔의 가장자리가 오늘, 여기 시로 남습니다. 감사드립니다.

2023년 가을 수리산 자락에서

별리 이정영

차례

2부 | 비 꽃 피다

3부 | 쥐불

4부 | 봄밤

5부 | 사랑이란

1부 | 오래된 축음기

가슴 홈에는 기억의 정보가 기록되어 있다
진동을 낳기 위한 파형
미세한 굴곡의 선을 따라
파형을 후비는 시간의 바늘
문득 진동 속 또 다른 진동을 들추어낸다

꽃술(花鬚)

너를 부르는 소리
늘 상처를 헤집고 나온
선명한 불꽃

불의 혀끝에서
취한 봄이 뱉어내는
생명의 언어
저 붉은 손짓.

설렘 주의보

삑 삐
가슴에 문자가 뜬다
오늘 설렘 수치 매우 높음
심장박동 주의

쿵 쿵
사춘기 접어든 아이처럼
순종을 거부하는 심장을 어떻게
달래주려 하는지
시간은 기대를 앞서 숨이 찬데
저만큼 그리운 그대
손짓하며 달려오는가.

사랑은

그대

쉬이 떨어지지 않는 견고한 접착력
과대광고였어

그대

사랑은 움직이는 거야
맞는 말이야

과대광고와
진실 속에서
사랑은 만남과 이별을 겪으며
한 뼘씩 자라고
한 뼘씩 낡아가는 거야.

볼펜의 자살

탕
튕겨 나온 내장
스스로 분해해서
죽음을 택했다

살 만큼 살았단다.

종이 새

아이의 손끝에 접혀
나뭇가지에 걸쳐 한나절을 쉬어도

멋있게
설레게
놀랍게
새롭게
싱그럽게
즐겁게
산뜻하게

바람 길잡이 따라
하늘을 난다

바람이 불어야 날 수 있는 새
종이 새.

새벽 별

너무 그리울까 봐
반쯤 눈감고
너무 슬플까 봐 반쯤 눈뜨고
그래도 별은 별이다.

징검다리

바람 무늬 깊은 돌멩이
대여섯 개를
가슴속에 재운다

그리움
홀로 삼켰다가
홀로 뱉어내는 내(川)
너와 나 사이에
숨이 흐른다

너에게 간다는 건
몸 낮춘 돌 되어
물소리 안고 가는 거라고.

그대 마음 훔친 죄

복지관에서 강사 계약을 하면서
범죄자 조회를 한다고 한다
가슴이 두근거렸다
그대 마음 훔친 죄 어찌 감추나.

겨울 수묵화

하늘이
순백의 화선지 한 장
펼쳐 놓습니다

새 한 마리만 그리면
여백이 모두 하늘이라는

나도
새 한 마리 멀리 날게 하고
잎 벗은 나무 한 그루 심어놓으니
여백이 모두 설국입니다.

시와 놀기

툭!
시가 떨어지네
못 찾겠다 꾀꼬리
술래의 아우성에 툭툭 튀어나온
숨어 있던 시

또 뭐 하고 놀지
시(詩)들 하고.

어떤 그림

그리워서 목이 길어졌다
보고파서 눈을 감았다
눈물,
빗방울이라고 둘러대느라
고개를 젖혔는데
너는 알까
내 그리움.

인두화畵

데인 자국이 말을 건다
깊게 타들어 간 아픔이 그림이 된다

어머니의 인두는
날렵한 저고리 섶을 휘어 날려 보냈는데

내 가슴 속 인두는
형태 없는 아픔으로 깊게 파고들어
너의 이름
지워지지 않는 화상(火傷) 끝에
뜨거운 꽃으로 피웠다.

조개젓과 아버지

햇볕 좋은 날
큰언니가 친구들과 오이도에 가서
조개젓을 사 왔다
아버지가 좋아하시던 거잖아
청양고추 파 마늘 썰어 넣고 고춧가루 깨소금
솔솔 뿌려 밥상에 올려놓는다
더위에 잃은 입맛 탓인가
젓가락 서둘러 움직여 보는데
맞은편 자리에 머리 하얀 아버지가 수저 들고
먼저 와 앉는다
세월의 강을 건너온 옷깃에 물기를 털며
고봉(高捧)의 하얀 쌀밥 위에 비릿하고 짭조름한
조개 네댓 마리 얹어놓고
흐릿한 기억으로 바다를 비빈다.

봄날의 밥상

햇살이 조물조물 캐내는
양지 녘 쑥이며 달래 냉이 취
바람 어깨 들썩인다
몇 겹의 겨울 하나씩 벗어내듯
시든 잎 뜯어내고

흙 툭툭 털어내 맑은 물에 헹구어내니
쏴 하게 다가오는 푸릇한 봄 내음 가슴 시리다

된장 풀어 냉이 조갯국 바글바글 끓이고
나물 캐는 옆집 순이 닮아 조그만 게
톡 쏘는 매운 달래 양념간장에 무치고
바싹하게 구운 파래김 한 장
더운 김 폴폴 나는
고봉(高峰) 쌀밥에 얹어 한 입 뜨니

아, 밥상 위에 봄이 피었네.

비지찌개

두부 전문 음식점에서
점심을 먹고 나오는데
비지 한 덩이씩 안겨주더라

신김치 송송 썰어 넣고 돼지고기 넣고
새우젓으로 간하여
보글보글
비지찌개 끓인다

비지찌개 좋아하시던 아버지
그리운 걸음은 아득한데
속 모르는 찌개는
내 눈물 섞어
보글보글
잘도 끓는다.

오래된 축음기

가슴 홈에는 기억의 정보가 기록되어 있다
진동을 낳기 위한 파형
미세한 굴곡의 선을 따라
파형을 후비는 시간의 바늘
문득 진동 속 또 다른 진동을 들추어낸다

설렘
환희
침묵
이별
슬픔

가슴 홈에 슬픈 자국으로 새겨진
너의 기억을 조용히 듣는다.

푸른 점심

연초록 피어나는 창가에서
소녀는 늦은 점심을 먹는다
배고픈 시간이 빠른 걸음으로 다가와
서둘러 삶의 그릇을 채우기 전
창가엔 물기 오른 나무 같은 소년이
봄날처럼 지나간다.
순간 한 손 내밀어 잡은 아련한
소년의 그림자
소녀의 가슴에 콩닥콩닥 꽃으로 피어난다.

초록이 걸어가는 창가에서
어제의 소녀는
등 굽은 시간의 찬을 꺼내
오늘도 늦은 점심을 먹는다
창밖엔 여전히 소년의 봄날이
아지랑이로 피워 오르고
은빛 세월을 건져 올린 그물망에

펄떡이는 기억 하나
소녀의 허기를 채우는
푸른 점심.

바다의 하루

바다가 잡은 한쪽 팔목에 푸른 멍이 들었다
바다는 놓지 않으려 했고
나는 뿌리치려 했다
우두둑
어긋남이 일제히
소리치고

푸른 꽃 핀 시간이
헐거워진다는 건
수없이 많은 갈고리 모양
물음표들이
파도에 실려 실종된 후
답글도 없이 수많은 마침표를
건져 올린 내 탓이라는 걸

세상의 끝을 당겨
구멍 뚫린 파도의 언어를 깁는다

나는 푸른 멍을 안고 너에게로 걸어갔다
철썩철썩
젖은 걸음과 부딪히는
바다의 하루.

백령도 1
_노을꽃

땅도 바다도 갈라진 슬픈 나라
따오기 흰 날개를 펼치고 허공을 나는
서해 최북단의 섬
백령도

노을에 잠긴 바위 그림자 깊고
외로운 갈매기가 띄운 붉은 하루가
차가운 철조망에 걸쳐져
꽃으로 피어난다

금지 표시 철조망 사이로
겁 없이 빠져나온 저녁 해가
하나 된 평화를 꿈꾸는 바다에
몸 던지는.

백령도 2
_그 섬에 비 내리면

그 섬에 비 내리면
흰 따오기
젖은 그리움 털어내고
멍하니 하늘만 바라보는

늘 젖어 있는 바다에 비 내리면
감춰진 슬픔을 불러내는 비의 손짓이
아픔 고인 바다 깊숙이까지 스며들어
더 큰 슬픔에 몸을 맡기는 것이라고

사곶 해변
갈매기도 날고
가끔
비행기도 날고
가끔
뭍의 소식도 날아온다는데

오래전 저편에 두고 소식은 영 오지를 않네.

문득 1

문득
두 글자일 뿐인데
길을 가다가
발끝에 챈 돌부리처럼 흠칫 놀라
흐르는 숨을
잠시 멈추게 하거나
굼틀거리는 오래전 기억을 낚아채기도 한다

어린 시절 숨바꼭질하다 숨겨놓은
찾아내지 못한 내 그림자
난생처음 하늘 높이 띄워 본 꼬리연
흔적 없이 날아간 내 꿈도
기어이 숨겨진 시간을 헤치고 불러낸다

문득이란 그물망에
걸려든 기억은
새삼 가슴 한복판에 뻐근한 물결무늬를 그리거나
주름진 눈가에 자잘한 기쁨을 새기기도 한다

문득
네가 내게로 걸어오고
문득
내가 네게로 걸어가고
지금 나는
문득이란 정거장에 잠시 멈춰있다.

문뜩 2

문득이라 읽어야 하는데
가끔
문뜩으로 읽고 싶어요
부드럽게 흐르다가 가슴에 뜩! 걸리는 끊김
음의 트랙을 읽어가다가
문뜩 건너뛰는 오래된 축음기 바늘처럼
삶의 한 부분에 멈춰
내장된 기억들을 불러내고 싶은 거예요

문뜩 문뜩
그러고 싶은 거예요

바다에 길을 내다

하늘과 바다 사이
석양이 펼쳐 놓은 황금빛 양탄자
밟고 가는 이 뉘시나요

짠 숨 쉬는 바람이 먼저 달려가고
파도 소리 울렁이며 밟고 간 자리
노을에 취한 물고기들 휘청거리고
허기진 시인이
잰 손으로
시의 그물을 던진다

저녁해
어둠으로 숨어들면
별빛 혼자
길 없는 길을 지키다
스르륵 눈 감는 바닷길.

2부 | 비 꽃 피다

비인 줄 모르고 나섰다가
한 잎 두 잎 지는 꽃잎처럼
옷깃을 적셨는데
꽃은 꽃인지라 향기가 남는 듯

비 꽃 피다

차근거리는 빗줄기가 얼굴을 스쳤는데
한두 방울 스치고 지나갔는데
비 꽃이 피었다고 하니
오늘도 잠깐 스치고 지나가는 비
비 꽃이 피었다가 지는구나

비인 줄 모르고 나섰다가
한 잎 두 잎 지는 꽃잎처럼
옷깃을 적셨는데
꽃은 꽃인지라
향기가 남는 듯

그대 만나도 그리한 것인지
비 꽃처럼 잠시.

달빛 항아리

어쩌다
금이 갔지만 깨지지 않은 항아리

금 간 항아리를 꿰맨다
결을 찾아내는 두드림
쇠못을 박아 양쪽을 조여주는 솜씨에
흉터는 남았지만
항아리란 이름은 잃지 않았다

이제부터
샘물 같은 눈물을 담을 수는 없지만
곡식 같은 마음은 담을 수 있는 항아리
그 안에 새 한 마리가 산다

달빛을 머금고
시간을 쪼아먹고.

별이 반짝이는 건

넌
하늘로 날아간 별박이*
내 생애 처음 띄운 연은 더 높이 더 멀리
날아가려고
긴 꼬리 달고 하늘로 치솟다가
운명과 하나 되지 못한 채
홀로 떠나갔다네

밤이 몸을 떠는 시간이면
나뭇가지에 걸린 연줄이 바람을 베어도
천 가닥 만 가닥 잘린 바람의 조각이 슬픈 노래 불러도
밤은 깊고 길어 그 끝을 알 수 없으니
밤의 어깨에 기대 몸을 흔드는 별박이는
얼레에 감겨 있던 기억을 조금씩 지우네

---

* 별박이 : 높이 오르거나 멀리 날아가서 아주 조그맣게 보이는 종이 연.

밤하늘 별이 반짝이는 건 기억의 눈물 때문이야
다시 못 올 어린 지구별 그리움 때문이야
난 천년의 세월이 흘러도
별이 된 너를 기다리기에 여기 이렇게 살아가는데.

나는 울보였어요

나는 울보였어요
엄마의 몸에서 분리되어 첫울음을 운 뒤로
시도 때도 없이 울음을 터트렸어요
안아달라고 나만 봐 달라고
철 이른 외로움을 못 견디고 꺽꺽 울었어요

1년에 한 뼘쯤 키가 크는 아이는
1년에 두 뼘쯤 약아져서
입고 싶은 새 옷을 갖고 싶은 인형을
가짜 눈물로 얻어냈어요
아버진 그만 울보 딸이 애처로워 쩔쩔매실 때
나는 돌아서 눈물을 닦으며 씩 웃었지요.

어느 날
건강을 잃어버린 딸 대신 아버지가
안주도 없이 소주잔 연거푸 들이켜시며 꺽꺽 우시고
나는 잃어버린 유년을 찾으러

한 움큼의 진통제를 처방받았습니다

울보 막내딸이 찾아 달라며 떼쓰던 눈부신 시간을
끝내 건네주지 못한 채 떠나신 아버지의 낡은 유언처럼
맑고 투명했던 창가에 빗줄기처럼 흐르던
내 유년의 눈물도 낡았습니다.

오늘 울보는 그만 울음을 그치고 세상의 울음을 듣습니다
울보들의 눈물이 강물이 되어 흐르다 멈춘 곳
그곳에
내 웃음을 슬며시 얹었습니다.

비의 계절

누구나
자신의 계절을 갖는 꿈을 꾼다
가끔 비도 계절 속에 주인공이 되고 싶을 때가 있다

한 달포쯤
바람 잡고 춤추다가
소리쳐 통곡하다가
눈물 넘쳐 강이 되고
산 같은 그대 가슴 무너뜨리고
흐물흐물 무너져 내린 가슴팍에 후회를 묻고

나도
나의 계절을 갖고 싶다
애타게 기다리는 이에게 다가서지 못해
가슴팍 쩍 쩍 갈라지게 만든 죄를 묻다가
가슴 두드리는 푸른 울음으로
밤새워 강을 달리다가

바람 들어선 붓으로

산허리에

물빛 두르고

울음 재우는 비의 계절처럼.

내 안에 체리 나무가 자란다

체리를 먹었는데요 그만 꿀떡 씨앗을 삼켰어요
순간 난 웃음을 터뜨렸어요
유년의 뜰에 체리 나무가 있었으면 했거든요
그 꿈을 이루게 될 것 같은 기대감이 날 웃게 만든 거예요
이제 내 가슴 한쪽에 새로운 움직임이 시작되었어요
쿵쾅쿵쾅 가슴이 뛰는 건 씨앗의 분주한 몸짓 때문이에요
찌릿한 전율이 몸 전체로 퍼지는 건 뿌리 내리려는
씨앗의 깊은 스침 때문이에요
아릿하게 번지는 내 축축한 눈물로 체리 나무를 키울 거예요
깊은 한숨 대신 노래를 불러줄 거예요
나무는 내 온몸으로 줄기를 뻗어 큰 나무로 자라고
나무가 크는 만큼 숙명처럼 뻐근한 통증을 안고 가겠지만
다보록하게 하얀 꽃 피는 봄날을 꿈꾸면서
다음 계절이 가져오는 빨간 열매를 기다려보는 거예요
빰이 붉은 유년의 꿈을 이룬 거예요.

나는 슬플 때 피리를 분다

나는 슬플 때 피리를 분다
풀잎 한 줄기 휘어잡고
바람 한 줄기 베어 입술을 대면
내 심장 끝에 기댄 소리 파르르 한 가닥 떨림으로
허공을 흔든다
기막힌 사연 지니지 않는 이 어디 있겠는가
설은 눈물 재우고 살지 않는 이 어디 있겠는가
사연이 풀잎에 얹혀 흔들리면 피리가 되고
설움이 설움을 재워 농익으면 소리를 낸다

나는 슬플 때 피리를 분다
설움 풀어놓은 바람꼭지*
숲의 심장을 흔든다
풀잎들을 춤추게 한다
내 안의 나도 풀잎처럼 떨림의 춤을 추리라.

---

* 튜브의 바람 넣는 구멍에 붙은 꼭지

아버지의 발자국

창문을 활짝 열어 새벽을 불러들이지 않고
큰 소리로 하루를 깨우지도 않았다
깊은 잠 속 아버지를 위해서
게으른 아침상을 차린 나는
툇돌 아래 벗어놓은 아버지의 신발이
휘청휘청 하늘 담장 넘어가는 소리를 들었다

그냥 두고 가기엔 애처롭기만 한 막내딸 때문인가
숨찬 바람 한 줄기 멈칫거리더니
높다란 하늘 나무 흔들었는지
아버지가 벗어던진 발자국이 우르르 쏟아져
밥주발 동태찌개 조개젓 아침 밥상 위에 수북이 쌓인다

나는 왈칵 방문을 열었다 아버지는 간 곳 없고
하얀 새의 깃털 하나만 누워 뿌연 눈빛으로 건너다본다

아침은 여전히 내 안에서 깨어나지 않고

하루는 문밖에서 머뭇거리는데
나는 아버지가 밟고 간 하늘이 담긴
동태찌개를 먹지 못하겠다
아버지 발자국이 수북이 앉은
비릿하고 짭조름한 조개젓을 다신 못 먹겠다

얼큰한 동태찌개엔
비릿하고 짭조름한 조개젓엔
지독히 짜디짠
내 눈물이 간을 더 했나 보다.

매화꽃 지던 날

어머니의 흰머리에 매화잠을 꽂아드렸다
설중매다
앙상히 굽은 어깨에 바람 들썩이니 매화향 은은히 퍼진다
어머니의 꼿꼿했던 성품이나 숱 많던 쪽 찐 머리는
세월의 무게를 지고 가기에 버거웠던가 조금씩 내려놓았다
그렇게 비우려 했는데 비워냈는데 세상에 쌓이는 건 없는 허상들이다

오후의 해그림자 서쪽 계단을 올라가는
어머니의 발걸음이 자꾸 휘청거렸다
뒤돌아보지 않으려 자근자근 입술 깨무는 소리가
공기의 저항을
무너뜨린다
열두 폭 흰 치마 스치는 서늘한 소리에
매화꽃 날아들던 나비 소스라쳐 멀어진다
마지막 한 계단을 오르며 기어이 뒤돌아보는 어머니

홀로 두고 가야 하는 약한 딸자식 때문이리라
흐릿한 시야로 멀어지는 지상의 언어들
꽃잎 떨군 매화향만 서러운 바람을 타고 맴돌더라.

시인과 거미

전철 안이다
컴퓨터 앞에 지친 그림자만 남겨놓고
일상에서 도망치는 길이다

내 치마에 거미 새끼 한 마리가
다소곳이 앉았다
문득 털어내려다가 멈추었다
백석의 수라(修羅)*라는 시가 떠오르기 때문이다

'거미 새끼 하나 방바닥에 나린 것을 나는 아모 생각 없이 문밖으로 쓸어 버린다 / 차디찬 밤이다 / 어니젠가 새끼 거미 쓸려나간 곳에 큰 거미가 왔다

나는 가슴이 짜릿한다 / 나는 또 큰 거미를 쓸어 문밖으로 버리며 / 찬 밖이라도 새끼 있는 데로 가라고 하며 서러워한다'

수라- 후략

---

* 시 제목

어리디어려 보이는 거미는
내 치마의 포근함에 기대 있다
사방을 둘러보아도 어미 거미는 보이지 않는다
결국, 나는 거미를 쓸어냈다
내가 거미의 어미가 되어줄 수 없기
때문이다

문득 풀밭쯤에서 내려줄 걸 그랬나
후회가 든다
저 작은 몸뚱이 누군가의 발길에 밟히거나
길을 잃고 헤매거나 하면 어쩌나 싶다
엄마와 누나나 형이 가까이 있을 듯싶지도 않다

시인이 내려놓은 거미가
작은 몸뚱어리를 세워
내 안에 거미줄을 치고 있다
연민이라는 단어가 거미줄에 걸려 흔들거린다
가슴이 저릿하다.

가슴 뚫린 새

철재로 만든
가슴에 구멍이 펑 뚫린 새
관객도 없는 공원 무대 위
홀로 서 있네요

슬퍼 말아요
그 가슴에 하늘 가득 채웠는데
한쪽 깃털에 바람이 반쯤 담겼는데

노래할 때마다
하늘이
푸드덕푸드덕 날아가네요
날갯짓할 때마다
푸른 물 뚝뚝 떨구네요
한 마리 새의 배경으로 계절이 스며들어
사철 외롭지 않은 새

바람의 피리 소리
구부러지지 않는 그림자
춤추게 해요

슬퍼 말아요.

출구를 찾지 못한 한 마리 새

출구를 찾지 못한 나는
한 마리 새처럼
출구의 대각선 끝 유리 벽에 부딪혔다
잘 닦여진 유리엔 반사된 그림자도 지워버렸는지
허공만 휘청이고 있다

상한 날개보다
깨져버린 유리 벽 걱정이 앞서서
안절부절못하는 한 마리 작은 새는
거금의 배상을 걱정하고 지갑 속을 헤아린다

허공이 제 탓이라고 감싸주고
바람이 등 쓸어주며 걱정하지 말란다
깨어진 유리쯤이야 너끈히 붙여주는
순간접착제를 보내줄 터이니

순간 유리 벽 앞에서 걱정과 다행 사이를 오가며

어쩔 뻔했나, 싶은 생각에서 깨어난다
나도 유리 벽도 무사했거든

흥미로운 뉴스가 넘쳐나는 이즈음
길을 찾아 길을 부숴버린 용기 있는 새 한 마리는
결코 뉴스거리가 되지 못할 터이니.

뱀을 만나다

줄무늬 어린 뱀이 숲에서 기어 나와
초록 신호등 켜진
산길하고 산길 사이를 건너려고 한다

뱀은 기어다니기만 해서 다리가 없고
아마 어른이 되어도 다리가 새로 자라지는 않을 것이다
잠을 자지 않으려 눈꺼풀을 잘라버린 달마처럼
눈꺼풀이 없으니 잠을 자지 않으려나
귓구멍이 없으니 남의 말 안 들으려나
혀가 두 가닥으로 갈라져 있어 날름날름 말을 잘하려나

다리 없는 뱀은 길을 건너
미끄러지듯 반대편 숲속으로 사라졌다
흘깃 보기만 했을 뿐인데
눈꺼풀에 매단 흔들거리는 내 슬픔을 보았나 보다
귀를 열어 소리를 시(詩)로 바꾸는 시인인 걸 알아차렸나 보다

하나의 혀로 천 개의 언어를 전하는 인간이라는 걸
눈치챈 뱀은
속된 말로 쪽팔려서 도망갔나 보다

산길하고 산길 사이엔
여전히 초록 신호등이 켜있다.

그런 사랑

나 한때
불타서 죽을 줄 알면서도
불 속으로 뛰어드는 불나방처럼
데일 줄, 불탈 줄 알면서도 뜨거운 사랑의
불길로 뛰어들려 했습니다

그러나
설핏한 해그림자 저녁으로 스며드는
이즈음
꽃잎 스치는
봄바람의 싸늘한 떨림 같은
그런 사랑이 좋습니다

가슴속 물결 붓 휘두르니
잔잔히 번져나가는 수묵화 한 점
그런 사랑도 좋습니다

불길 잦아들면 흔적 없는 사랑보다
채 가시지 않은 어둠 속 내가 슬퍼할 때마다
한 걸음씩 환하게 다가서는 새벽빛 그대,
그런 사랑이 좋습니다.

커피 마시는 눈사람

홀로 서 있는
눈사람에게
뜨거운 커피 한 잔 권했어요
사양하다가 사양하다가
그만 커피 향에 취했는지
눈 스르르 감고 커피를 마시네요
뜨거운 커피 한 잔에
심장이 녹아내린
눈사람

커피색 눈물이
기억을 적시네요
생존보다 강한 유혹

커피.

내 심장 위로 벌레가 기어간다

뜨끔뜨끔
심장이 아프다
내 심장 위로 벌레가 기어간다
따끔따끔
갈퀴 달린 발을 세우고 걸어간다

몸과 마음이 맞닿은 곳 심장
나는 그곳에 시간의 애벌레를 키웠다
사각사각 푸른 초침을 먹고 뺑뺑 구멍을 뚫고
구멍 사이에 누워 느릿느릿 깊은 잠을 자며
한 눈금씩 자랐다

배부른 시간이 깨어나
날개를 달고 날아가기 전
쭈글쭈글
남겨놓은 빈 껍데기
그 빈 껍데기를 두르고 다시 깊은 잠에 빠져들었다
꿈속에 나는 다시 나비가 되었다.

거미의 일기장

그제도 비
어제도 비
오늘 흐림이다

한 가닥 외줄에 매달려
아파트 벽을 칠하는 외벽도장공 김 씨
내뿜는 담배 연기가 갑자기 쏟아지는
비에 할퀴다
미끄러져 내려온
호주머니엔 젖은 일당이 낮은 숨을 쉬고

잿빛 하늘에 위태로운 삶의 그물망 쳐놓고
먹이를 잡으려고 바둥거리다가
비에 덜미 잡힌 그물망에
눈물인지 한숨인지 퍼덕거린다.
끝내 사냥에 실패한 배고픈 가장이었다가
고꾸라져버린

한 마리 거미였어

새끼손가락에 걸린
아이와 약속은 반쯤 흘러내리는데
배고픈 시계는 빗소리처럼 재깍거리고
또 하루가 절뚝거리며 가는데
남루한 겨울은 벌써 출발지를 떠났다네.

기억과 추억

노인은 어제를 들추어
깊이 새겨놓은 시간을 찾아낸다
푸른 사람이 걸어 나와 추억이란 양산을 펴고
햇살 쨍쨍한 하루 속으로 걸어간다
어깨에 불룩하게 넣은 뽕처럼 고개 숙이지 않는 꼿꼿한 시간은
잘 끼워진 단추처럼 매무새가 단정하다
꽃그늘 아래 사랑하는 이의 손을 잡기도 하고
유치원 간 여섯 살 아이를 기다리기도 한다
장바구니엔 푸릇한 채소며 물 좋은 고등어 한 마리가 펄떡거린다
비릿한 바다 냄새가 난다
기억은 추억이 되어 장바구니에 담긴다

이름표를 단 기억은 약봉지 속에 길을 잃어버리고 금세 떠나온 시간의 정류장 이름을 잃었다 시간은 돌아갈 집을 찾지 못해 거리를 서성인다

실종된 기억을 찾아 저녁 장바구니에 넣는다 그러나 고등어 한 마리는 떠나온 바다로 돌아갈 수 없다

희미한 기억과 또렷한 추억 사이에서 노인은 하얗게 서성인다.

먼지 위에 그린 그림

먼지 위에
그림을 그린다.

회색 먼지가 사는 시간의 화판에
그림자들이 모이고 흩어지며
햇빛 숨죽인 성을 세우고
흐르는 구름 가둔 다락방에
하늘 향한 작은 창을 내고
음유 시인의 노래가 되고
계절 언저리 들꽃으로 피었다가
푸른 나무와 나무 사이 헤치는 바람으로 거닐다가
자유를 꿈꾸는 새가 되고
다가서는 숨 막히는 향기는
너였다가
다시 멀어지는 슬픈 너였다가

아무렇지도 않게 지나가는 그림자의 손끝에

흔적 없이 지워진 성벽
허공의 계단 위로
먼지 그림이 걸어간다.

뿌리

모진 가뭄도 버텨낸
그 생명력에 칼을 댔다
새봄이라고 물오른 줄기 푸릇푸릇 돋아난 잎새들
여기서 자라면 안 된다고 금지 푯말을 세우지도 않고
경고장을 보내지도 않고
애처로운 모습에 매정하게 눈길 돌리고
뿌리째 뽑아버렸다

흙 한줌도 인색한
베란다 밖 시멘트 틈새로 날아온 씨앗
에어컨 실외기 박스에 기댄 채
몇 년을 버텼든가
제법 나무 모양새를 보여주는데
어쩌다 편한 곳 뿌리내리지 못 했느냐고
애처로운 나무람만 허공을 맴돈다

우리의 오늘이 한 장의 나뭇잎이라고 하자

오늘을 잃은 나무는
나뭇잎의 생기를 돋우는 뿌리를
찾아간다
이제 뿌리가 없다
뿌리가 무너뜨릴지 모른다고
세상에 내 집 한 채 굳게 세워야 한다고
푸른 생명을 자르는 죄를 지었다.

3부 | 쥐불

불씨를 따라서 기억들이 시간 뒤편으로 흩어졌다

빈 가슴팍에 순백의 화선지를 펼치고

내일 향한 붓을 들었다

일 획

푸른 시가 날아간다.

눈 내리는 날

하루하루 푸른 숨 쉬며 건너온 계절 걸음이
노을빛 겨자 빛 밟으며 휘익 지나가 버린 자리엔
날카로운 바람이 걸터앉아 몇 잎의 기억을 흔들었다

적막을 헤치고 낮게 내려온 회색 하늘이 내려놓은
눈의 나라
하얀 숨 막히는 설렘이었다
잠시의 용서였다
10센티의 포근한 축복이었다

온통 흰 눈으로 덮인 거리엔 건널목 신호등만
붉은빛으로 서 있더라

멈춤이었다.

쥐불

햇살이 숨어버린 논두렁에
불길이 타오른다
불길은 푸닥푸닥 소리를 내면서 마른풀을 먹어 치우고
검은 트림을 하며 달려갔다
불씨들은 하나하나 작은 꽃씨처럼 허공으로 흩어지고
회색 하늘 저만큼쯤 내려앉는다

한 가닥 불길 속에 어제를 태웠다
가라앉은 절망을 끌어올려 태웠다
휘청거리는 나약함도 태웠다
불씨를 따라서 기억들이 시간 뒤편으로 흩어졌다
빈 가슴팍에 순백의 화선지를 펼치고 내일 향한 붓을 들었다
일 획
푸른 시가 날아간다.

그림자를 찾는다

내 그림자가
나보다 키가 커질 때가 있어
태양이 뜰 때 한없이 긴 다리로 걸어가다가
태양이 자오선(子午線)에 이르면
짧은 다리로 나를 따라온다

나의 그림자는
해 질 무렵 다시 키 큰 이로 따르다가
어둠 속에 잦아진다
그날 밤 꿈속에 내 그림자는 나보다 키가 작았다
정오를 걸어가는 짧은 다리는 숨을 헐떡이며
태양을 이고
하오의 시간으로 걸어가고 있었다

또 하나의 그림자를 만들기 위해
나를 분리하는 시간의 칼날 앞에
한 그림자는

멈춘 시간 저편으로 숨어버렸다

나는 지금 시간의 어느 점에 머물러
그림자를 찾으려 그림자의 길이를 재고 있나
어느 곳에도 머물지 못하는
빛의 등 뒤에서 춤추는 그림자들의 이별식에는
소리 없는 소리가 흐느끼고 있다.

1994년 여름에서 2022년 여름까지

1994년 여름
심장이 데일 듯 뜨거웠지
밤이면 식지 않는 한낮의 열기를 덥고
뒤척이면서 널 생각했어
G시 어느 쇼핑센터 앞에서
분홍 줄무늬 셔츠 차림으로 날 기다리던 너
우리를 위해서 본젤라또 아이스크림을 사고
어머니를 위해서 멜론 하나를 고르고
한 다리를 들고 깡충거리던
수십 년의 기억을 건너
한 가닥 흰머리를 찾아내며 신기로웠지
네가 선물한 향수는 아직 그 향을 잃지 않았고
캐시미어 머플러는 낡은 만큼 보풀이 많아지고
난 나이만큼 말이 많아졌는데
겨울이 없는 도시에서
네가 언제 돌아오겠다는 약속도 없이 하늘 여행 떠난
날도

난 아마 누군가와 뜻 없는 이야기를 나누며
잠시 너를 잊고 있었는지도 몰라

2022년 여름
붉은 초콜릿 상자엔 납작해진 네가 있어
아직도 가슴에 닿으면 파르르 몸을 떠는
얇은 종이 한 장으로
보고 싶다는 말 한마디로.

그리움에 사는 너에게
-슬픈 약속-

남산 터널을 지나갈 때다
기억의 시간을 떠나면서
너는 돌아올 계절을 약속했다
베이스바리톤 음색으로 잘 있으라고 했다
소리는 끊어졌다가 다시 이어지면서
터널 밖 환한 거리엔 꽃비가 내리고 있었다

남산 터널을 지나갈 때마다 너를 생각한다
계절은 계절을 건너 한 해의 가장자리로 여러 번 달려갔다
네가 준 캐시미어 머플러는 아직도 차가운 겨울을 기다리고
빈 초콜릿 상자에는 돌아오겠다는 너의 약속이 담겨 있다
터널 밖 환한 거리에는 여전히 슬픈 꽃비가 내리고
돌아오지 않는 너는 천 개의 바람 되어 꽃잎을 흔든다
계절의 뒷모습으로
지켜지지 못한 약속이 눈물로 흩어져 날아가는
또 하나의 계절, 그리움에 사는 너에게.

몽당비

수십 년 집 안 구석구석 먼지를 쓸어냈을
몽당비
아버지가 흘린 땀방울
진득한 고단함도 쓸어냈고
어머니 장바구니 속 푼돈처럼
자잘한 걱정도 쓸어냈으리라
우리 오 남매가 떨군 싱싱한 물고기 비늘 같은
하루를 쓸어내느라
젊은 어깨를 들썩이기도 했을 것이다
이제 뾰족한 세월이 쪼아대 깃털 빠진 새
낡은 등허리가 굽었다.
어제를 쓸어낸 주름진 빈손
허공 향해 휘휘 손 저으며
슬픔 웃음 하얗던 울 할머니 닮았다.

빨간 내 그림자가 휘청이며 간다

늦가을 산책길에 한참을 초등학교 앞에서 서성였다
햇살 페인트칠한 교문에서 꽃잎이 와르르 쏟아져 나온다
환한 꽃향기 눈빛에 담고 발걸음을 돌렸다
나 저 햇살 옷 벗은 지 아득한데

천천히 가을을 걸어 가을의 심장으로 들어갔다
다음 계절을 향해서라지만
이별식을 끝낸 가을은 혼자 외롭다
물기 거둔 나뭇잎을 밟으며
미처 떠내 보내지 못한 시간을 생각했다

짙은 가을 한 잔에 투닥투닥
심장이 뛰어간다
단풍나무 아래서 계절 끝으로 날아간 잎사귀 하나 주웠다
빨간 내 그림자가 휘청이며 간다.

가뭄

기다리는 이에게 흥건히 다가서지 못해
가슴팍 쩍 쩍 갈라지게 만든 죄를 묻는다

활짝 핀 붉은 장미를 이별의 눈물로 보내지도 못하고
오이지 한 접 담그고 비의 계절을 준비하던
어머니의 손길처럼 서둘지도 않고
작은 개울은 오월과 유월 사이를
바짝 마른 걸음으로 건너간다
녹색 치마폭 펄럭거리며 몸 흔들던 나뭇잎 뒤태에도
목마름에 밭은기침이 따라간다

나 지금 울고 싶다
그 울음 푸른 강물처럼 넘쳐흘러
너에게 내리고 싶다.

어떤 그릇을 말한다

검푸른 수의(囚衣) 어둠에 갇힌 너를 만나다
영혼까지 태울 열기와 수백 번의 망치로 두들겨 맞은 한(恨)이
피맺힌 자국으로 남아 깊은 한숨 아리다

언제 네 빛나는 가슴에 담긴 하얀 밥이 어깨 들썩이며
뽀얀 웃음으로 내 안으로 들어섰던가
칼칼한 무 소고깃국 국물 넘실거리며 네 변죽을 적셨던가
명절 나물들을 모아 고추장 참기를 듬뿍 넣고 비벼대던 네 너른 품도
기억보다 더 진한 추억을 뒤적여도 안개 속 길을 잃었다

기억에서 기억을 헤맨다
어머니의 투각 무늬 고추장 항아리 속
시간을 채운 바람 빗장이 풀어지니 검푸른 수의 네가 걸어나 왔다
감형이다

무슨 죄가 그리 깊어 수십 년 동안 빛을 잃었던가
무슨 죄가 그리 커서 삶이 삶과 부딪히는 소리에서 멀어져야 했던가
슬픈 왕조 무너져 내린 세월 탓이라고
귀하디귀한 존재가 천한 존재가 되고
거들떠보지도 않던 것들이 고개를 드는 뒤섞인 세태 탓이라고
한숨 섞인 답이 허공으로 흩어진다

하늘 끝 청기와 끌어내려 켜켜이 쌓인 너의 푸른 한(恨) 벗겨내줄 이 없으니
시린 눈 찌푸리며 흘린 눈물이 잃어버린 시간을 맴돈다

여기 놋그릇이 있다.

흔들리는 건

내가 흔들린 것이 아니다
과녁이 흔들렸다
삶을 명중하려 했던
내 화살이 번번이 빗나갔으니

흔들리지 않으려고
바람 많은 나무뿌리 깊어지듯
움직이는 과녁을 향해
수없이 쏘아 올린 내 화살
단단하게 옹이가 박혔다

내 삶의 점수는 얼마인가
저문 해를 등허리에 올려놓은
산에 묻는다
발 문수 흐릿하게 지워진
저녁 강에 묻는다
쏘아 올린 화살의 수가 살아온 날 보다

더 많았으니
웃음보다 더 많은 울음 흘렸으니
헤아리지 마라
이제 그만하면 됐다고.

바람, 꽃, 해그림자

밖엔 지금 바람이 불어요
땅에 발 딛고 서 있는 모두를 흔들어요
나뭇가지 끝엔 여린 시간이 새파란 현기증으로 비틀거리고
꽃잎 산산이 흩어져 치열한 기억 뒤로 사라지는데
다하지 못한 이야기만 좁다란 골목 사이
수심 걸린 처마 밑으로 아픈 소리 내며 뛰어다녀요
여미지 못한 가슴으로 바람이 소리 내며 들어서
반쯤 접힌 사연을 들추고
눈물 고인 언덕에 여전히 격한 이별 흔들며 서 있네요
봄꽃, 돌아선 그대 뒷모습 처연한데
해그림자 내린 아쉬운 계절이 마지막 춤을 추어요.

이별하기 위하여 태어나는 꽃

민들레 씨앗이 떠난다
바람의 노래를 입고 가벼운 날개옷에 꿈을 얹는다
떠난 곳은 꽃잎 자국 흩어진 어미 품
남겨진 이의 바스러질 듯 하얀 웃음이 손 흔든다
미련 없이 떠난 품이다
그저 짧은 멈춤에 꽃이 피었고 다시 바람 손잡고
떠나는 민들레의 이별이란 너무 짧아서 눈물이 없다
번호표 없는 날개옷이 은빛 삐라처럼 날아다니다
가볍게 내려앉은 여인의 속눈썹 끝에서 파르르 시를 쓴다
이별하기 위하여 태어나는 꽃이라
떠나야 새롭게 태어나는 꽃이거늘

코스모스

가녀린 몸에
온 우주를 떠받치니
휘청일 수밖에
무궁화 열차도
스쳐 가는 간이역
가을이 타고 가는 열차를 반기는지
열차에 탄 가을을 반기는지
몸 흔드는
자줏빛 흰빛 분홍빛 꽃잎
그 속에 박힌 또 하나의 우주
궤도를 이탈한 별을 닮았다는데
넌 지구의 향기를 줍고 있니.

노을 꽃

저녁 숲으로 내려온 노을
물기 거둔 나뭇잎에
붉노란 꽃으로 피어난다
노을 속에 피는 꽃

단풍.

할미꽃

진자주색 고운 저고리
봄나들이 갈 때
그도 꽃이었다
바람이 연둣빛 손으로
하늘 가장자리 튕기는 날
춤추는 그림자 너울대는
그도 꽃이었다

꽃샘 품은 햇살
할퀴듯 날카로운 바람의 곁눈질
펑펑 쏟아지는 눈물 같은 빗줄기
계절이 계절을 업고
등이 굽은 꽃

피기 전부터 할미라 불리는
슬픈 전설 따라 외딴 들길 홀로 서 있다
진양조 계면조 구슬픈 가락이

은빛 머리카락 날리며
가슴속 웅크린 기억
고개 숙인
그도
어느 봄날 고운 꽃이었으려니.

백목련 피다

순백의 청초
세상 눈빛에 물들까 봐
멀리서
더 멀리서
더 더 멀리서
그저 하얀 눈빛 보냅니다.

흰 도라지꽃

어느 순수하고 맑은 영혼이
먼 기억 속에서
잠시
날아와
꽃이 되었는지
세상의 모든 빛을 품는
흰 꽃으로 피어났는지

가슴이 시립니다.

꽃이다

가을날 떨어지는 잎새도 꽃이다
뜨거운 열기와 푸른 바람으로 피어났던
꽃이다
물기 거두고 싸늘한 이별 앞에
붉은 열꽃으로 노란 현기증으로
흔들리는 꽃이다

너도 꽃이다
어느 봄날
설렘으로
내 가슴에 피었다

꽃은 아름답다
꽃은 상처다
꽃은 만남과 이별
두 겹의 꽃잎을 포개고
떠난다

내 가슴에 핀 꽃
너도 그랬다.

나를 행복하게 하는 시계

우리 집엔 시계가 많다
거실엔 정시를 가리키는 모범생

주방엔
느긋한 마음 조급하게 만드는
10분쯤 늦게 가는 지각생

내 방엔
성미 급한
40분쯤 빨리 가는 시계
사실 처음부터 빨리 가는 건 아니었다
내가 가는 세월처럼 조금씩 빠름이 늘어났다

그중 제일 좋아하는 건 40분이나
빨리 가는 시계다
아침이면
어! 8시네

잠에서 깨어나 당황하다가도
순간 40분 되돌려보며
안도의 숨을 쉰다

알면서도 그 40분 때문에
다행을 느낄 때가 있는 것이다
빨리 달려가 서 있지만
40분 여유가 날 행복하게 한다.

남자가 운다

남자가 운다
드라마 속 슬픈 사연에
눈물을 글썽이다
뚝뚝 눈물방울을 떨군다

꼿꼿하게 세워졌던 어깨에
설핏한 햇살이
오래된 친구처럼 얹히고
헐렁해진 가슴엔 낯선 저녁이 걸터앉는다

젊어 한때
먼 여행을 꿈꿨던 적이 있다
빈 배낭엔
벗어나고 싶은 일상을 접어 넣고
눈물 한 방울도 넣는다
길을 가다가 어느 곳에 멈춰
나를 위해 울어 보리라고

어둠이 얹힌 저녁이
혼자 서툰 밥상을 차리고
TV 드라마를 본다
시간의 숲 깊숙한 곳에서
아직 마르지 않은
눈물 한 방울을 꺼낸다
울지 못한 어제가
드라마 속 주인공의 슬픈 어깨 위
한 손을 얹는다

지금 아내는 친구들과 제주도 한 달 살이 중이다.

초롱꽃 전설

초롱꽃이 나무 뒤에 숨어 있어요
그리움의 꽃 종 주렁주렁 달고
하얗게 숲을 밝히네요
갸웃 내다보는 풀숲으로 촉촉이 젖은 여름이
댕그랑댕그랑 푸른 종소리로 걸어가요

우리의 계절에 푸름이 가시기 전
숲속 은자(隱者)들의 노랫소리 잦아지기 전
슬픈 종지기의 영혼이
심지 돋은 등불 한 줄기 초롱꽃으로
피어났어요
하얀 꽃송이 꽃송이마다
숨죽인
종소리 담고
나무 뒤에 숨어 있네요.

4부 | 봄밤

풍경 뒤에 기대선 봄이
화선지 한 장 스르르 펼치니
달빛 듬뿍 묻힌 붓이 휘익 스쳐간
수묵의 나무엔
흰 살구꽃 피어서 슬프다

눈이 내릴 것 같은 아침

유리창엔
회색의 하늘이 이마를 맞대고

하늘나라는 지금 낙화의 계절이래요
금세
하얀 꽃잎 쏟아져 내릴 거라고
소곤거리네요.

정선 스카이 워크(변방치)

해발 583m 하늘 위를 걷다
유리 바닥에 떠 있는 내 그림자 조심스레
미끄러져
동강 위로 내려앉는다
한 줌 바람 되어 물결을 흔들고
시간의 초침 되어 한반도 위를 걷는다

햇살에 부서진 하얀 웃음만
다시 솟아오르고
초승달 같은 발자국
하늘길 매달려
조심스레 몸 흔든다.

채석강에서

격포항
출렁이는 걸음으로 한 바퀴 돌아
그대 품으려 하니
영원히 잡을 수 없는 것이 사랑이라
한 줄 시로 새겨 켜켜이 쌓아놓고
달빛에 비쳐 읽으니
그대 사랑 그리 깊었는가
데인 듯 아릿하게 파고들어
천년만년
넘기는 갈피마다
그대 푸른 울음 토해내니.

하늘과 바다 그리고 그대

해넘이다
아니, 산불이다
산을 태우고 하늘을 태우고
너를 태웠다

불씨 날아간 동쪽 바다
그리움 녹아내린 바위섬 되어
파도의 끊임없는
구애에도 끄떡도 안 하더라

하얗게 부서지는 기억들 여전히
네 젖은 가슴 두들겨 보는데
침묵으로 솟아올라 무심한 촛대로 서 있다

누가 불 밝히겠는가
하루에 한 뼘씩 자라는
촛대바위
긴 목으로 허공을 휘젓는데.

풍경이 풍경을 그린다

오름이 불룩하게 하늘과 닿으면
하늘도 아래로 휘어져
하나의 풍경을 그린다

세속의 배경이 되어도
불평 없는 자연 앞에 있기에
자연이 자연다워 보이는 것이다

풍경 앞에
욕심을 내려놓은 웃음이
참 맑아 보이는 것이다
풍경이 풍경을 그리는 제주의 봄날.

나룻배와 나그네

청령포 강가에
나룻배를 띄웠다
맞은편 자갈길 강변에
내리지 못한 다리 아픈 나그네도
그저 물결 따라 흐르는 배가 되었다

뱃삯 없이 태운 바람 따라
천만리 귀양길 비운의 역사가 오르고
애달픈 시를 읊는 선비가 오르고
오른 이들은
500년 세월을 건너 소나무 숲길로
아득히 사라지고

여전히 내리지 못한 나그네의 눈빛은
금표비 너머를 기웃거리다가
노적봉 위를 오르다가
가만히 눈을 감았다

강물에 잠긴 눈물이
잃어버린
기억을 찾아 흐르는 청령포에서
다리 아픈 나그네는
한 척의 나룻배가 되었다.

거기는 어디쯤인가요

내가 떠나온 곳엔 소나기 내렸는데
여긴 햇볕이 쨍하다
서둘러 꺼낸 입은 우의(雨衣)에
빗방울 털어내고 구겨 접어 넣었는데
햇살은 그 가장자리를
반듯하게 펴고 있다

기억이 없다는
기억의 거리엔
시인이 비를 내리고
햇살을 덧칠하는 오후가
한 권의 시집을 출간한다.

사랑하는 이는

산에 오르는 이는
오르기 전 산을 보지 않는다
내려온 후에 산봉우리를 돌아본다

길을 가는 이는
온 길을 보지 않는다
길이 끝났을 때 문득 길을 돌아본다

사랑하는 이는
사랑을 보지 못한다
사랑이 끝난 후에 저만치 사랑을 본다

하나의 산봉우리처럼
하나의 길처럼
거기 사랑이 있다.

노숙자와 시인

차가운 겨울밤
얇은 햇살이 그린 한낮의 낙서는
무거운 어둠이 지워버리고
담벼락엔 사정없이 들이닥친 빚쟁이처럼
막을 길 없는 바람이 시퍼런 웃음으로 들어섰습니다
하늘 천장엔 한 무더기 별이 떨고 있는데
서 있을 곳 없는 네 귀퉁이 기둥을 잘라
가난한 시인은 제 발등에 불을 지폈습니다
짧은 불꽃 속에 봄날을 기억하면서
그저 한 걸음 온기를 밟고 싶어서였겠지요
그러나 성미 급한 불길은 온몸을 타고 올랐습니다
때론 꿈이 꿈속에서 깨어나기를 서두르는 것처럼
나그네의 마법 담요가 날아와 꿈속의 시인을 건져내지
않았다면
소신공양한 불자로 후대에 전해졌을지도 모릅니다
시린 별이 잠든 하늘 천장은 하얀 전구를 켜고
하룻밤 여인숙이 된 종합병원 응급실에서

시인은 오랜만에 또 다른 꿈을 꾸었습니다

겨울밤은 데인 발등을 감싸 안고
절룩절룩
더딘 걸음으로 봄을 향해 가는데
여전히 하늘 천장엔 한 무더기 별이
벌벌 떨면서 시를 씁니다.

나는 늘 아침이고 싶다

밤의 눈꺼풀에 어둠을 걸어두고
잠들었던
새벽이 흐린 숨 쉬며 다가온다
이슬처럼 맺혀있는 실체들
몸을 세운다
저기
하루의 눈 뜸으로 걸어가는
하늘길엔
닫힘과 열림 사이 구름 틈새
푸른 해 기웃 내다본다

나는 늘 아침이고 싶다.

오래된 집

뒤란 빨랫줄엔 동태가 된 빨래들이
어석어석 몸 비비며
기억을 비늘처럼 떨어뜨리는데
밤새 문고리 덜컹거리며
어제를 부르던 바람이 아침 툇마루에 털썩 걸터앉아
꾸벅꾸벅 좁니다
어머니가 아랫목에 묻어둔
밥 한 주발의 따뜻한 온기가
허기를 데우고
굽은 시간의 허리를 세웁니다
가지를 쳐내 밑동만 남은 은행나무엔
녹아내린 아버지의 고단한 삶이
눈물처럼 끈적거립니다

옛집 뒤곁
헐거워진 시간 틈으로
슬며시 불러보는 열여섯 살 내가
맨발로 서성이고 있습니다.

꿈꾸는 빵 장수

깊은 밤
달빛 아래 부푸는 푸른 누룩
손 내밀어 하늘을 당긴다

빵을 굽는 하늘은
달빛 머금고
그리움 없으니
참 부드럽다

초승달 빵은
아이가 걸터앉아 꿈을 꾸고
보름달 빵엔
삶의 달콤함이 가득 들어 있으니
환한 웃음
반달 빵은
시름 반쯤 덜어낸 가벼움으로
반쯤 빛나고.

오월이니까요

햇살 듬뿍 묻힌 바람
나무와 나무 사이 들추며
번득번득 눈부신 그림을 그립니다
나뭇잎 푸른 그림자 덩달아 출렁출렁 춤춥니다
햇살도
바람도 나뭇잎도
모두 신이 났습니다
오월이니까요.

새파랗게 떠는 봄

봄을 부르던 바람이 뒷걸음칩니다
비명을 지르며 곤두박질하는
바람의 한쪽 손에는 허공을 베는 시퍼런 칼날이
번뜩입니다
선명하게 묻어나는
핏빛 꽃망울, 선뜩한 울음

묻습니다

무슨 한이 그리도 많아
송인(送人)
보내지 못하는 그를
시간의 그물망에 가두려 합니까
꽃눈 속에 숨죽이며
새파랗게 떠는 봄

낯선 하루

잠은 깨어나게 될 죽음이다
죽음은 깨어나지 못할 잠이다
그때 나는
출구 없는 시간의 집에서
잠을 자고 있었다
그러나 아침은 어김없이 어둠의 벽을 무너뜨렸다
그렇게 아침의 빛은
나를 깨우고
근심은 끼니처럼 따라와 시간을 재촉했다
잃어버린 시간은 부스럭거리며
일상의 밥상에 그리운 반찬이 되고
나는 다시 낯선 하루를 불렀다.

나는 부자

사람들은 내가 얼마나 부자인지 모른다
곳간 안에 양식이 얼마나 쌓여 있는지
광 안에 얼마큼 땔감을 가졌는지
옷장 안에 날개옷이 얼마나 걸려 있는지
명품 가방 안에 현금이나 수표를 얼마큼 가졌는지 묻는다

나는 부자다
더 많이 채우려 하지 않고 곳간을 비워 놓았으니
여백 부자다
아직도 가슴 안에 포기하지 않은 날 선 도끼를 감추고 있으니
심장을 데울 장작을 염려하지 않아도 된다
날개옷은 일찍이 천상의 선녀 몫이니
욕심낼 필요 없다고 여기는 소박한 부자다
고대광실은 아니지만 누옥이라도
스스로 감사하며 살아가니 만족 부자다

어떤 사람들은 내가 근근이 살아갈 거라고 한다
그러나 어떻게든 살아간다는 건 감사다
설혹 어린 시절 땅따먹기로 따놓은 내 땅들
모래로 쌓아놓은 웅장한 성(城)도 흔적 없이 사라졌지만
나는 여전히 부자다

나는 누구의 것이 아닌 내 세상의 어엿한 주인이기 때문이다.

마지막 버스를 타고

막차다
밤 버스에 혼자 걸터앉았다
덜컹 몸 세운 버스 울음소리에 놀란 내게
기사는 내려 주기 전에 들를 곳이 있다고 했다
내가 고개를 끄덕이기도 전에
늙은 버스는 종점에 들려 왕복 걸음 삯을 몽땅 쏟아놓고
헉헉 가쁜 숨을 몰아쉰다

기사는 담배 연기를 씹으며
몽당빗자루처럼 닳아빠진 운전대 툭툭 내리친다
오늘이 이놈 마지막 걸음입니다
십수 년의 노고가 뿌연 입김으로 맴돈다
몸을 세우는 스멀거리는 기억들

출발지도 도착지도 떼어낸 우묵한 자리엔
허공에 그려진 계절이 별빛 되어 우수수 쏟아져 내린다
눈가엔 주르륵 빗물 내렸다

내가 너의 마지막 손님이라니
나 역시 시간의 그물망 속 조각난 젊음을 헤아리며
안고 가던 꽃다발을 슬그머니 내려놓았다.

그래도 봄은 왔습니다

당신, 사랑하는 이의 손잡고
다슨 정 나누며 푸른 꿈 꾸며 잠들었는데
아직 꿈인가요
밤새워 토해냈던 가쁜 숨이 안개로 흩어지고
혼미한 열기 속에 시간이 사라졌습니다

아침은 왔는데 아침을 만나지 못했습니다
사람과 사람 사이 징검다리는 급물살에 떠내려가고
어둠이 내린 마을엔 따스한 온기가 사라졌습니다
손 흔들지 않는 사람들이 오가는 거리에는
덴 바람이 이 땅에 가져다준 또 하나의 이름,
확진자를 만나지 않으려
마스크로 가려진 당신의 웃음이 참 춥습니다
마을은 잃어버린 게 너무 많아서 휘청거립니다

당신, 어둠이 내린 남쪽 마을
몹쓸 바람 탓이라고, 마지막 단장도 못 한 채

손 한 번 잡지 못하고 먼길 떠난 이의 핏빛 한이
안개 자욱한 이승의 산기슭 떠나지 못해 맴돌고
하얀 새들 목메어 우는 사연 들으셨나요

그래도 봄은 왔습니다
얼음 강을 녹이고 푸른 물길로 절망을 건너왔습니다
함께 했기에 드러냈던 힘든 기척들이 숨죽이고 하늘을 봅니다
우리, 다시 손잡아요
뜨겁지만 순간 지나쳤을 아픈 기억처럼
가거라 가거라 목청껏 소리쳐 주십시오
봄 듬뿍 묻힌 햇살 붓 휘둘러 희망의 꽃 가득 피어주십시오.

(코로나19 시절-1)

시간을 잃어버렸다

시간을 잃어버렸다
들었던 가방이며 입었던 옷 주머니 다 털어냈지만
없다
행방을 묻고 싶어서 불러낸 그림자도
고개를 젓는다, 집에만 갇혀 있어서
알 수가 없단다
오히려 분주하게 불러내지 않은
주인을 나무란다

시간을 도둑맞았다
2020년 1월 분명 받았는데 사라졌다
태어난 아기는 제 몫만큼의 성장을 했는데
어른들은 뒷걸음을 친다
지친 그림자를 떼어놓고 달려가려 했는데
나와 그림자는 분리할 수 없단다

잃어버렸다.

(코로나 시절-2)

봄바람의 이야기

어느 누가 깊은 산골
바람을 보내주었습니다
겨울 가장자리에 누운 마른 잎들은
어석어석 바람을 씹고
산모퉁이 돌아가는 발걸음엔
새 신 신은 햇살이 가볍습니다

바람이 들려주는 이야기에
귀 기울이며
그 산모퉁이 길
마음이 걸어갑니다.
소리보다 얇은 바람의 자국이
가슴 언저리를 지그시 밟습니다
아!
봄이 심장 소리~~ 들려옵니다.

5부 | 사랑이란

사랑도 그런 거예요.

서로의 가슴 한쪽에 멈추는 거예요

저 작은 새처럼 낯설게 내려앉아

낯설지 않게 살아가는 거예요.

낮에 나온 반달

하늘은 푸르고
하얀 그리움
반쯤 지웠다

슬픔이 진해야 환히 보이는
너를 채우려
하루의 가장자리로
발끝 세우고 건너가는
낮에 나온 반달

가을

이 창가에 꽃이 피었었는데
이제 물기 거둔 성근 잎 사이로
시린 하늘이 들어섭니다
바람은 쏴 쏴 큰 숨 내쉬고
노란 현기증으로
붉은 열꽃으로 가을에 감염된
나뭇잎들이 우수수 우수수 내려앉습니다

석 달 전쯤 백신을 맞을 걸 그랬나 봅니다.

북극여우

_툰드라의 이주 노동자

북극여우를 만났다
눈도 내리기 전인데
하얗고 따뜻한 털 옷 입은 여우 한 마리와
아직 여름을 사는 회색 여우 한 마리가
눈을 옆으로 길게 늘이고
하얀 거위 털 점퍼를 입은
나를 가늘게 쳐다보며 묻는다
너는 누구지

한가로운 동물원엔 북극여우 두 마리
우리 안 작은 토굴집에 산다
손바닥만 한 마당엔
사철 채소도 심지 않았는데
가을걷이 끝난 들판처럼 헐렁하다

여우 할머니가 그 할머니의 할머니가 살았다던
툰드라의 눈밭을 달려보는

꿈 담은 하얀 눈빛이 우리 밖을
기웃 넘겨다본다
너는 자유롭니
갇힌 동물이 갇힌 인간에게 묻는다.

봄날이 간다

오래된 집
담장에 기댄 목련이 진다

낡은 것들은
낡은 시간 앞에 기억을 떨구고
흩어지는 꽃잎은 하얗게 어제를 접는다

오래된 집
낡은 담장 너머
봄날이 간다.

봄 감기

어제는 머리가 아팠다
오랫동안 머물렀던 네가 떠나려고
마지막 머물 곳을 찾았나 보다
나는 두 팔을 벌리고 고개를 좌우로 흔들며 너를 보내려 했다
함께 했기에 드러냈던 기척들이 숨죽이고 하늘을 본다
밤새워 토해냈던 가쁜 숨이 안개로 흩어진다
혼미한 열기 속에 겹쳐 보이던 네가
수없이 뱉어내도 지워지지 않던 끈적거리는 흔적을 지운다
내 몸의 가장 높은 곳에서 너를 보내려 한다
빠근하게 나를 누르던 기억의 통증에서 놓여나 자유롭기를 갈망한다
뜨겁지만 순간 지나쳤을 아픈 내 청춘처럼
잘 가거라 잘 가거라.

봄비 내리면

내 슬픔 내 안에 있는데
눈물은
하늘에서 내린다
푸른 가지 끝에
먼 눈빛
슬픔으로 매달려

기억이
기억에
지쳤던 그날처럼
투명한 일기를 쓴다

봄비는 여기 내리는데
빗줄기는
기억의 강으로 흐른다.

봄밤

행여 눈이 내렸나 하여 창을 여니
어느 사이 밀려드는 꽃향기
한기(寒氣)와 버무려 싸하다
어둠은 구멍 숭숭 뚫린 겉옷을 던져버리고
풍경 뒤에 기대선 봄이
화선지 한 장 스르르 펼치니
달빛 듬뿍 묻힌 붓이 휘익 스쳐간
수묵의 나무엔
흰 살구꽃 피어서 슬프다

어디선가
달빛 속 전생을 보는 이
눈빛에 스민 봄, 촉촉한 물기 흐르는데
닿을 수 없는 손 내밀어 그리움 잡네.

3월의 약속

햇빛은 차가운 계절 사이를
교묘히 빠져나와
한 줌
창가에 걸터앉았다
허공에 내민 나의 찬 손 잡아주는
봄
따듯하다

온다고 약속했잖아
3월이 소곤거린다.

큰비 오던 날

여름이 누워 있다
스펀지처럼 물을 빨아들인 대지는 쿨렁쿨렁 소리를 내면서
몸을 뒤척이고
떠내려간 기억을 찾느라 충혈된 눈빛이 큰 숨을 뱉어낸다

강을 불러왔다
배를 띄운다
집 잃은 어미 소도 올라타고
지붕을 받쳤던 서까래도 걸터앉는다
어느 누구의 부지런한 발걸음을 담았던
신발들이 저 혼자 미끌미끌
강 위를 걸어간다
어디가 땅인지 어디가 하늘인지
눈앞이 하얗게 빈 농부의 시름도 흠뻑 젖어있다.

사랑이란

삶이란 그런 거예요
길을 가다가
누군가가 나를 불러줄 때
그냥 거기 멈춰 버리는 거예요
순간과 하나 되어
또 한 편의 시를 쓰는 거예요

사랑도 그런 거예요.
서로의 가슴 한쪽에 멈추는 거예요
저 작은 새처럼 낯설게 내려앉아
낯설지 않게 살아가는 거예요.

새벽

새벽은
색채가 깨어나지 않은 수묵화 한 점
물기와 먹빛이 어우러져
농묵(濃墨)과 담묵 사이 그 수많은 갈피를
일 획 바람 붓으로 건너온다
비로소 사랑과 미움 사이
진정한 의미의 사랑이
새벽 강가에 자욱한 안개로 걸쳐진다.

사탕 분수

전에 아이들을 가르칠 때 늘 집에 사탕을 사 두었다
아이들은 저마다 좋아하는 빛깔 사탕을 고르고
오렌지 맛 포도 맛 딸기 맛을 핥았다.

하루는 교회에 가는 길에 사탕을 샀다
저녁 예배인지라 소예배실
많지 않은 교인들이 예배를 보는 도중인데
앞에 엄마와 앉은 서너 살쯤 되어 보이는 아이가
자꾸 날 보고 웃는다
해맑은 미소, 귀여운 눈동자에
사탕을 주고 싶었다
캔 안에 또 얇은 셀로판 봉투에 싸여 있는 사탕을
꺼내기 위해서 캔을 열고 세로 판 봉투를 뜯는 순간
갑자기 사탕 봉투가 탁! 소리를 내면서 터졌다
사탕은 분수가 되어 허공으로 솟구쳤다가 산산이 흩어졌다

흩어진 사탕을 보고 아이들은
소리를 지르면서 신이 났다 와! 사탕이다
사탕을 주우려는 아이들과
그걸 도와주려는 엄마들의 재빠른 움직임에
목사님은 설교를 잠시 멈추었다
교인들 모두가 나를 향해서 시선을 집중시켰다

아이들은 주운 사탕을 모두 나의 캔에 넣어 주었다
설교는 다시 시작되었고, 나는 고개를 못 들고
사탕 한 개를 꺼내기 위해서
소중한 설교 시간을 방해하고 아이들을 흥분시킨 죄 어찌 받느냐고
두 손 모아 회개의 기도를 드렸다.

어느 노인의 고백

비가 억수로 쏟아지던 날
모두 합쳐서 스물서너 개의 계단을 마스크를 쓰고
숨을 헐떡거리며 올라갔다
아들은 어젯밤 꿈 이야기인 줄 알고 빗줄기는 축복의 상징이며
힘든 고지를 점령했으니 좋은 일이 있을 거라고 했다
마음과 몸은 서로 마주 보지 않고 따로따로 놀았다
하긴 머리 커가는 아이들 제 마음대로이지 누구 말을 듣겠냐마는
늙어가는 몸도 마찬가지이다 빨리 가라면 주저앉아 떼쓰고
천천히 가라면 괜스레 서둘다 헛다리를 짚는다 순전히 제 마음대로다
채찍보다는 당근이 더 낫다고는 해서 좋다는 것도 던져주어 보았지만
이제 이도 저도 약효가 없는 듯하다
가쁜 숨을 가라앉히고 생각을 더듬어본다

세월 바뀌어 좋은 시절 오면
어쩌다 그립다 건너다보는 어제를 위해서도
독하디독한 기개 접지 않고 견디면 누가 알겠느냐
낡아버린 부품 갈아 끼우고 천봉(天峰)을 나르지.

너 때문에 내가 걸어간다

새끼줄에 목매어 끌려가던 검은 염소는 비척거리며 연신 까만 똥땡이를 쏟아냈다 그해 겨울 나는 허수아비처럼 말랐고 3마리의 살진 염소를 먹어 치웠다

외마디 비명까지 몽땅 쏟아붓고 뼈가 흐물흐물 녹아내리도록 푹 고아 애원하듯 어머니 젖은 눈빛에 시달려 풀잎 먹듯 기름진 염소를 삼키고 밤새 염소의 눈물을 게워냈다

노년의 내 몸속 아래위로 훔쳐보던 냉정한 기계는 검은 글씨로 수많은 통계치를 인쇄해냈다 뼈가 튼튼하다고 했다 내 안에서 음매 음매 소리가 들린다고 했다 나와 포개진 네 개의 염소 다리가 걸어간다 스르륵 스륵 소리를 내면서 굴러가는 너 때문에 오늘 내가 살아간다 염소 되어 걸어간다 너의 비명 쟁쟁하다 원망의 눈빛 선연하다.